Luiz Augusto Lima de Ávila

"DO ANTAGONISMO À COMPLEMENTARIDADE" OU "O FENÔMENO DA QUANTIFICAÇÃO NA LINGUAGEM":

O princípio da interpretação invariável e da proibição de uma quantificação vácua ou, simplesmente, condição global (overarching condition) de FI (interpretação plena) às variáveis livres e a negação de quantificação irrestrita e as implicações com "o Moleiro, o Filho e o Burro" das fábulas de Esopo.

Série: Lógica, Linguística e argumentação Jurídica

2021

Luiz Augusto Lima de Ávila

"DO ANTAGONISMO À COMPLEMENTARIDADE" OU "O FENÔMENO DA QUANTIFICAÇÃO NA LINGUAGEM": O princípio da interpretação invariável e da proibição de uma quantificação vácua ou, simplesmente, condição global (overarching condition) de FI (interpretação plena) às variáveis livres e a negação de quantificação irrestrita e as implicações com "o Moleiro, o Filho e o Burro" das fábulas de Esopo.

Série: Lógica, Linguística e argumentação Jurídica

Luiz Augusto Lima de Ávila

Doutorado em Linguística e Língua Portuguesa (PUC Minas. 2010). Mestrado em "Teoria do Direito" (PUC Minas. 2004), Mestrado em "Direito Internacional e Comunitário" (PUC Minas. 2000), especialização em "Ensino Lúdico", "Alfabetização e Letramento", "Educação Inclusiva", "Gestão Escolar", Psicopedagogia, "Ensino de Matemática: anos iniciais do ensino fundamental", "Ensino de Filosofia", "Língua Portuguesa e Docência", Filosofia, "Direito Processual", "Direito do Trabalho" e "Direito Empresarial". Graduação em Direito pela Universidade Cândido Mendes - Ipanema, RJ (1994), em Filosofia pela Universidade de Franca - SP (2019), em Pedagogia pela Universidade de Franca - SP (2021) e em Letras pela Universidade de Franca - SP (2021). Professor Adjunto IV da Faculdade Mineira de Direito (FMD) e do Departamento de Ciências Humanas na Pontifícia Universidade Católica de Minas Gerais desde 1998. Professor universitário da Faculdade Mineira de Direito (FMD) e do Departamento de Ciências Humanas na Pontifícia Universidade Católica de Minas Gerais desde 1998. Autor de "LÓGICA JURÍDICA. Uma análise linguística das regras de predicação e intermediação de conceitos jurídicos" (ISBN 9788562741982), "Lógica, Linguística e Argumentação jurídica" (ISBN 9788568364284), A NATUREZA DO CONHECIMENTO JURÍDICO ENTRE CIÊNCIA E PRUDÊNCIA: A lógica abdutiva e a fundamentação do Direito em Theodor Viehweg? (ISBN 9788581240381), MEUGNIN É ORIEPSUS, MAS SERÁ ELE ODAPLUC? O caráter contiguo dos contos de imaginação implicados com as teorias da argumentação jurídica. A dúvida e a devida fundamentação das escolhas que fazemos ou das decisões que tomamos? (ISBN 9788581240299), MEUGNIN É ODAPLUC, MAS SERÁ ELE ODANEDNOC? O caráter contiguo dos contos de imaginação implicados com as teorias da argumentação jurídica. A dúvida e a devida fundamentação das escolhas que fazemos ou das decisões que tomamos? (ISBN 9788581240497), entre outros.

Nota Preliminar

Questionemos os professores para que, vez por outra, questionem a si mesmos sobre o porquê da repetição de práticas pedagógicas, currículos ou avaliações, as quais desconhecem por só acreditar nos objetivos a serem alcançados.

Sabe-se que não é no silêncio que os homens se fazem, mas na palavra, no trabalho e na ação-reflexão, pois, conhecer é tarefa de sujeitos, não de objetos. E é como sujeito e somente enquanto sujeito, que o homem pode realmente conhecer. Assim, podemos asserir que a educação sozinha não transforma a sociedade, mas sem a educação a sociedade tão pouco muda. E se é fundamental diminuir a distância entre o que se diz e o que se faz, de tal forma que, num dado momento, a tua fala seja a tua prática, se busca a liberdade como uma conquista e não uma doação. Uma busca que só existe no ato responsável de quem a faz uma conquistada continua. E se ninguém tem liberdade para ser livre, então o somos, precisamente, porque não a temos.

Algumas ilustrações nos remetem a pensar o homem face à Lei, como aquela em que um homem pede para entrar na Lei, de Franz Kafka em "O Processo" e cuja essência transcrevemos abaixo:

Diante da Lei está um guarda.
Vem um homem do campo e pede

para entrar na Lei. Mas o guarda diz-lhe que, por enquanto, não pode autorizar-lhe a entrada. O homem considera e pergunta depois se poderá entrar mais tarde. — "É possível" – diz o guarda. — "Mas não agora!". O guarda afasta-se então da porta da Lei, aberta como sempre, e o homem curva-se para olhar lá dentro. Ao ver tal, o guarda ri-se e diz. — "Se tanto te atrai, experimenta entrar, apesar da minha proibição. Contudo, repara sou forte. E ainda assim sou o último dos guardas. De sala para sala estão guardas cada vez mais fortes, de tal modo que não posso sequer suportar o olhar do terceiro depois de mim". O homem do campo não esperava tantas dificuldades. A Lei havia de ser acessível a toda a gente e sempre, pensa ele. [...] Por fim, enfraquece-lhe a vista e acaba por não saber se está escuro em seu redor ou se os olhos o enganam. Mas ainda apercebe, no meio da escuridão, um clarão que eternamente cintila por sobre a porta da Lei. Agora a morte está próxima. Antes de morrer, acumulam-se na sua cabeça as experiências de tantos anos, que vão todas culminar numa pergunta que ainda não fez ao guarda. Faz lhe um pequeno sinal, pois não pode mover o seu corpo já arrefecido. O guarda da porta tem de se inclinar até muito baixo porque a diferença de alturas acentuou-se ainda mais em detrimento do homem do campo. — "Que queres tu saber ainda?", pergunta o guarda. — "És insaciável". — "Se todos aspiram a Lei", disse o homem. — "Como é que, durante todos esses anos, ninguém mais, senão eu, pediu para entrar. O guarda da porta, apercebendo se de que o homem estava no fim, grita-lhe ao ouvido quase inerte. — "Aqui ninguém mais, senão tu, podia entrar, porque só para ti era feita esta porta. Agora vou-me embora e fecho-a". ("O Processo" de Franz Kafka)

Outra ilustração nos remete a pensar o homem face às perspectivas de um mesmo objeto, como aquela sobre "o Moleiro, o Filho e o Burro" das fábulas de Esopo, um escravo e contador de histórias que viveu na Grécia Antiga e cuja essência é transcrita abaixo:

Um dia qualquer de qualquer estação, um moleiro e seu filho saíram de casa e iam levando um burrinho à feira da aldeia vizinha, para vendê-lo. No caminho, algumas pessoas que

passavam começaram a gracejar e uma delas disse, apontando o moleiro, o filho e o burro:

— Que tolos vocês são! Bem poderia a criança montar no burro, em vez de ir a pé num dia desses!

Passadas as pessoas e ponderada a questão, o moleiro fez o filho montar no burro e continuou andando a seu lado. Logo chegaram perto de um grupo de pessoas e uma delas disse, apontando o moleiro, o filho e o burro:

— Ninguém mais respeita os avelhantados! Reparem só! Enquanto uma criança monta no burro, seu velho pai se esfalfa a arrastá-lo!

Passadas as pessoas e ponderada a questão, o moleiro fez descer o filho da garupa do burro e ele próprio o montou, continuando logo o caminho.

Mais à frente, chegaram junto a um grupo outro de pessoas. Uma delas exclamou, apontando o moleiro, o filho e o burro:

— Como pode um homem adulto ir montado num burro e deixar uma criança ir a pé!

Passadas as pessoas e ponderada a questão, o moleiro suspendeu o filho e colocou-o em cima do burro. Logo adiante, de outro grupo de pessoas se ouvia um murmúrio e uma delas exclamou, apontando o moleiro, o filho e o burro:

— Que malvados! Como podem maltratar assim um burrinho tão pequeno?

Passadas as pessoas e ponderada a questão, o moleiro amarrou as pernas do burro e carregou-o nas costas, ajudado pelo filho.

Os moradores da aldeia riram as gargalhadas quando viram pai e filho carregando o burro. Riram tanto que o burrinho se assustou, sacudiu as pernas, as cordas que as amarravam rebentaram, e ele caiu. (das fábulas de Esopo. "o Moleiro, o Filho e o Burro")

A próxima ilustração no remete a pensar o homem facc à educação, à igualdade e à diferença, como aquela sobre o asno na escola de Brungel e cuja essência é transcrita abaixo:

A legenda diz: Mesmo que um asno vá à escola, não passa a ser cavalo.

A ilustração de Brungel, acima, nos remete a pensar o homem, a educação e o trabalho. A população das províncias flamengas desfrutava de um elevado nível de instrução. Um viajante italiano afirmaria mesmo que todos sabiam ler e escrever. Brungel troça do ardor no estudo dos seus contemporâneos. A legenda diz: "Mesmo que um asno vá à escola não passa a ser cavalo". E Oswald de Andrade, em Manifesto Antropófago, escreve: "Perguntei a um homem o que era o Direito. Ele me respondeu que era a garantia do exercício da possibilidade. Esse homem chamava-se Galli Mathias. Comi-o". Mas, o que é o direito como a garantia do exercício da possibilidade entre o direito à diferença, à igualdade e à indiferença? Ou seja, o que é o direito à diferença e à indiferença diferente do preconceito? Brungel é preconceituoso em sua assertiva contraditória à assertiva de que todos sabiam ler e escrever?

Esta última ilustração no remete a pensar o homem face à educação e à profissionalização, como a crítica do professor João Virgílio Tagliavini, em "Exame de Ordem: uma visão crítica", cuja essência é transcrita abaixo:

Dias após a aplicação do exame de ordem (OAB), um professor

de cursinho preparatório para concursos protesta: Tal cobrança foi exacerbada. Na correção da prova realizada ao vivo, nos estúdios [de um famoso cursinho preparatório], os professores, mestres das matérias ministradas e com todo o material didático, encontraram dificuldades em resolver as questões. [...] Os professores afirmaram, ainda, que a prova de dias atrás tinha o claro propósito de reprovar e não de testar os conhecimentos dos alunos. Os professores acreditam, infelizmente, que a reprovação vai ser maciça. No entanto, ...

Há muito tempo, na tribo dos Namuri, um antropólogo assistia a um ritual de iniciação, que tinha caráter de processo de seleção para ingresso na carreira dos pajés. Anciãos, reunidos na roda no centro da aldeia, numa banca de exame oral, faziam aproximar, um a um, os candidatos, que aguardavam reunidos no lado sul. Aos jovens Namuri, eles perguntavam:

Quantas favas a árvore do centro dos rituais costuma dar no curso de uma lua?

Quantos são e quais os nomes dos passarinhos de bico amarelo, bico vermelho, preto e rajado que frequentam as proximidades de nossa aldeia?

Quantas penas uma arara adulta tem?

Há quantas luas Namuri-Ami plantou a árvore que deu a vida a todos os povos guerreiros?

Quantos peixes de couro e de escama vivem em nossos rios?

Quantas espinhas tem a coluna vertebral do peixe?

E assim continuava o exame. O candidato saía dali e se reunia aos outros no lado norte, para não haver comunicação sobre as questões da prova. No intervalo entre uma e outra, o antropólogo, surpreso, perguntava:

Esses conhecimentos são úteis e imprescindíveis para o exercício da pajelança?

Mas é transcendendo o conteúdo
hermético, setorizado ou especializado que a
presente obra, de caráter científico e com o
mesmo espírito crítico, remete o leitor para
uma reflexão em que pese o significado de
"Argumentação Jurídica" e a significação
que damos quando fazemos uso do mesmo.
"Argumentação Jurídica", como em "De
Consolatione Philosophiae" de Boécio, é
uma das formas dialéticas da cruciante busca
do intellectus quaerens fidem, e não é apenas
uma forma para despontar a sabedoria
estóica que baliza preceitos, normas e

atitudes sábias para enfrentar a adversidade e a dor. "Argumentação Jurídica", considerada a dúdiva e a devida fundamentação das escolhas que fazemos, como "De Consolatione Philosophiae", implica, também, uma sabedoria cristã que, entre outras coisas, faz concessões à resignação e à providência como forma de superação das investidas do mal no mundo.

Parafraseando Boécio, a reflexão implica as seguintes questões: como explicar que a "Argumentação Jurídica" ou as coisas humanas estejam tão pouco de acordo com a ordem perfeita que reina na natureza?; Se Deus existe, de onde vem a injustiça e o mal que governam as ações dos homens?; e, no que diz respeito propriamente a "Argumentação Jurídica", devemos compreender para crer (intellectus quaerens fidem) ou crer para compreender (fidem quaerens intellectus)? Pois, é bem verdade que não se ama o que não se conhece ou não se conhece o que não se ama não é necessariamente uma alternação, dada a implicação da adição. Ou seja, não se ama a "Argumentação Jurídica" porque não a conhecemos ou não conhecemos a "Argumentação Jurídica" porque não a amamos. Um paradoxo! Sem dúvida alguma! Nele incorremos em razão do problema filosófico da indução, cuja assertiva de caráter universal, originária da observação e experiência específica, não subsiste em razão do caráter contingencial e próprio da observação e da experiência. Assim, o que resta ao leitor senão a reflexão em que pese o significado de "Argumentação Jurídica" e a significação que damos quando fazemos uso da mesma.

E todas as questões, originárias dessa ou daquela reflexão, podem ser ilustradas a partir de uma narrativa implicada com o gênero lógico argumentativo, ou seja, da relação entre *"ser um argumento a favor de"* implicado com *"ser um argumento contra"* não podemos inferir ou deduzir absolutamente coisa alguma: X pode ser um argumento a favor de Y e ser verdadeiro, o que não impede Y de ser falso, porque, por exemplo, Z é um argumento contra Y com peso maior que X. Mas, o processo de argumentação não é, por assim dizer, linear, mas antes reticular; seu aspecto não lembra uma cadeia, mas, sim, a trama de um tecido – A "Argumentação Jurídica". Nesse sentido, a compreensão do fenômeno jurídico de forma integral se dá a partir do contraditório implicado com o conhecimento objetivo, com o problema filosófico da indução, com a non distributivo medii e com a dedução do antecedente fundada no consequente.

A "Argumentação Jurídica" como

objeto de estudo não é formalista, legalista ou essencialmente fundado em uma lógica binária que separa o lícito do ilícito, mas, sim, em razão dessa assertiva negativa, o sobrestamento da conjunção COMO (quomodo) ou PORQUE ao substantivo PORQUÊ (a causa, a razão, o motivo), ou seja, o direito é inteligido em um espaço de discricionariedade dissociado do PORQUÊ ou do dever de apresentar razões capazes de encontrar assentimento racional nos interlocutores.

Com os textos reunidos, na presente obra, se busca provocar o leitor a pensar por si próprio, até mesmo porque não estamos dando uma resposta ou um modelo de integração, mas, sim, mostrando como diferentes artes, ou ciências, ou linhas de pensamento, lidam com a mesma questão. Ou seja, fazer a mesma questão ser debatida a partir de dois pontos de vista. Esta perspectiva é, didaticamente, bastante útil, pois, se busca, assim, introduzir o leitor no mundo do pensamento no qual não cabe o maniqueísmo, a mesmidade ou mesmo a simplificação, incentivando o surgimento de um pensador original contrário à ilustração que nos remete a pensar o homem face à repetição sem questionamento, como demonstrado em um experimento comportamental, cuja essência é transcrita abaixo:

Um grupo de cientistas colocou cinco macacos numa jaula, em cujo centro puseram uma escada e, sobre ela, um cacho de bananas.

Quando um macaco subia a escada para apanhar as bananas, os cientistas lançavam um jato de água fria nos que estavam no chão. Depois de certo tempo, quando um macaco ia subir a escada, os outros enchiam-no de pancadas.

Passado mais algum tempo, nenhum macaco subia mais a escada apesar da tentação das bananas. Então, os cientistas substituíram um dos cinco macacos.

A primeira coisa que ele fez foi subir a escada, dela sendo rapidamente retirado pelos outros, que o surraram. Depois de algumas surras, o novo integrante do grupo não mais subia a escada.

Um segundo foi substituído, e o mesmo ocorreu, tendo o primeiro substituto participado, com entusiasmo, da surra ao novato.

Um terceiro foi trocado e, repetiu-se o fato.

Um quarto e, finalmente, o último dos veteranos foi substituído.

Os cientistas ficaram, então, com um grupo de cinco macacos que, mesmo nunca tendo tomado um banho frio tentasse chegar às bananas.

Se fosse possível perguntar a algum deles porque batiam em quem tentasse subir a escada, com certeza a resposta seria:

"Não sei, as coisas sempre foram assim por aqui"...
(https://atitudereflexiva.wordpres s.com/2020/04/02/a-experiencia-dos-cinco-macacos/)

Um vício grave e radicado no ensino do direito no Brasil é a reverência ou veneração excessiva ao argumento de autoridade implicado, concomitantemente como causa e consequência, com a carência ou, mesmo, deficiência de uma tradição acadêmica que promova, a partir de provocações de natureza científica, a análise crítica e a livre discussão de ideias, conceitos, imagens, juízos, opiniões, fantasias e imaginações.

Assim, o que resta ao leitor senão a reflexão sobre qual o papel da lógica, da linguística e da argumentação jurídica na atualidade e a significação que damos quando fazemos uso dele. E, nessa obra abordamos diversas questões atinente ao Direito e Processo do Trabalho almejando que os leitores conheçam cada mais esse instigante e polêmico ramo do Direito.

Prof. Luiz Augusto Lima de Ávila

"DO ANTAGONISMO À COMPLEMENTARIDADE" OU "O FENÔMENO DA QUANTIFICAÇÃO NA LINGUAGEM": O princípio da interpretação invariável e da proibição de uma quantificação vácua ou, simplesmente, condição global (overarching condition) de FI (interpretação plena) às variáveis livres e a negação de quantificação irrestrita e as implicações com "o Moleiro, o Filho e o Burro" das fábulas de Esopo.

INTRODUÇÃO

Os princípios, ainda que compostos ou predicados com os termos gerais ou jurídicos, são objetos de estudo no âmbito da Filosofia e da Teoria do Direito, mas, compreender sua natureza, o conceito defendente e o como são aplicados, implica compreender a essência do fundamento, o segredo da simplificação face à variedade sem fim. A assertiva de Kant na Crítica da Razão Pura implica ser um antigo desejo que "poder encontrar, em vez da variedade sem fim das leis civis, seus princípios; pois só aí está o segredo de simplificar a legislação". (KANT[1] apud GALUPPO, 1999, p. 239).

O Prof. Marcelo Campos Galuppo, em "Os princípios jurídicos no Estado Democrático de direito: ensaio sobre o modo de sua aplicação" acrescenta, ainda, que:

> Tal estudo ganhou maior destaque com o período das codificações, no século XIX (Arce Y Flórez-Valdés, 1990: 34), pois até então sua validade e função eram universalmente reconhecidas pela doutrina jurídica correspondente ao período do Iluminismo, e só quando os Códigos passaram a assumi-los ou a recusá-los como fonte ou meio de integração é que a questão passou a ser controversa no nível da Teoria do Direito. O problema ganha ainda mais relevo quando o Tribunal Internacional Permanente de Haia assume-os como fonte de suas decisões, afirmando que os princípios gerais de direito reconhecidos pelas "nações civilizadas" constituiria direito positivo a ser aplicado por aquele tribunal (Esser, 1961: 16).

---

[1] KANT, Immanuel. Kritik der reinen vernunft - 2ª Aufl. In: KANT, Immanuel. **Kant's Werke**. Berlin, Georg Reimer, 1911. p. 239. v.3.

A primeira questão que se colocava acerca desses princípios, nos primeiros 60 anos de nosso século, era acerca de seu caráter normativo. Tanto juspositivistas quanto jusnaturalistas foram unânimes em reconhecer sua força vinculante. E essa posição ainda é a dominante na Teoria do Direito. Mas ainda hoje subsiste na Teoria do Direito uma disputa, que constitui a segunda questão que se coloca sobre tais princípios, acerca da sua natureza e, consequentemente, de seu conceito. (GALUPPO, 1999, p. 191-192).

O caráter normativo, a natureza e o conceito implicados com os princípios, ainda que compostos ou predicados com os termos gerais ou jurídicos, parece ser reduzido à discussão de maior ou menor generalidade, conforme deduz o Prof. Marcelo Campos Galuppo que aponta alguns autores que identificam

os princípios com normas gerais ou generalíssimas de um sistema. Desde o início do século, autores como Del Vecchio e Bobbio tentaram compreender os princípios jurídicos como fruto de processos de generalização operada pela ciência do direito. Del Vecchio afirmou, por exemplo, que os princípios gerais são descobertos por meio da generalização crescente de outras normas do ordenamento jurídico (Del Vecchio, 1948: 51). Já Bobbio afirmou que os princípios gerais do direito são tão-somente "normas fundamentais ou generalíssimas do sistema, as normas mais gerais." (Bobbio, 1993: 271). (GALUPPO, 1999, p. 192).

No entanto, com o argumento de que "essa tese dificilmente é sustentável" ou não ser "a maior ou menor generalidade que distingue o princípio da regra", o Prof. Marcelo Campos Galuppo opta por uma perspectiva que difere de outra que implicaria uma investigação lógico-linguística, senão vejamos:

Desde Kelsen sabemos, no entanto, que essa tese dificilmente é sustentável, pois, aprendemos com ele, como o sistema jurídico é um sistema dinâmico, não é possível deduzir de conteúdos (mais gerais) outros conteúdos normativos (mais particulares) (Kelsen, 1992: 200 e 201). Como Esser já observara (Esser, 1961: 66), não é a maior ou menor generalidade que distingue o princípio da regra. A generalidade não é um critério adequado para a distinção, porque, apesar de muitas vezes os princípios serem normas com elevado grau de abstração, eles não se formam por um processo de generalização (ou de abstração) crescente. Por exemplo: o princípio federativo, adotado pela Constituição brasileira, seria uma generalização de quê? O princípio da legalidade generaliza quais normas? De outro lado, existem regras excessivamente genéricas, como o tipo constante do art. 12 da Lei Anti-Tóxicos (Lei 6.368/76), sobretudo se entendermos generalidade como abstração, ou seja, como "conduta-tipo" (Ferraz Jr., 1994: 122), quer dizer, a qualidade de se prescrever uma conduta cujo conteúdo é genérico, não correspondente a uma situação concreta e particularizada. Esse não pode ser portanto o critério adotado. Não se nega com isso que, na maioria das vezes, os princípios possuam um maior grau de generalização. O que se quer dizer é que a generalidade não é uma causa, mas, quando muito, uma consequência do conceito de princípio, e não diferencia essencialmente, mas só geralmente as duas categorias. Como diz Alexy, "os princípios costumam ser relativamente gerais, porque não estão referidos às possibilidades do mundo real ou normativo" (Alexy, 1993b: 103. Grifo meu). Há outro problema implicado nessa teoria, que poderia ser chamado de incompatibilidade da aplicação dos princípios, causada pela tentativa de se aplicar dois princípios que levem a soluções contraditórias. Como esse marco teórico que estamos analisando (a teoria dos princípios como normas generalíssimas) pressupõe que, por serem normas generalíssimas, os princípios se aplicam a todas as situações, a incompatibilidade surge toda vez que dois princípios levam o intérprete a soluções distintas de um caso concreto. Por exemplo, na análise de um contrato, a cláusula pacta sunt servanda pode levar, obviamente, a soluções distintas do princípio rebus sic stantibus." (GALUPPO, 1999, p. 192).

Assim, propomos responder a questão que implica saber se a maior ou menor generalidade, a partir de uma investigação lógico-linguística, poderia determinar o caráter normativo, a natureza e o conceito implicados com os princípios, ainda que compostos ou predicados com os termos gerais ou jurídicos. Ou seja, da interpretação invariável e da proibição de uma quantificação vácua ou, simplesmente, condição global (overarching condition) de FI (interpretação plena) às variáveis livres e a negação de quantificação irrestrita, à racionalidade e à negação do sujeito universal fundado no problema filosófico tradicional da indução, como proposto por Karl Popper em Conhecimento Objetivo. Ou, ainda, à predição e ao caráter absoluto do termo verdade quando predicado de proposições universais ou ao caráter relativo do mesmo termo verdade quando predicado de proposições particulares.

Ao enfrentarmos qualquer questão concernente à linguagem, alguns problemas se nos apresentam. Um deles está relacionado ao grande número de definições, muitas vezes antagônicas entre si, com que precisamos lidar. De acordo com uma linha teórica, surgem várias acepções de gramática, de discurso, de sintaxe, por exemplo, o que faz com o estudioso tenha a necessidade de adotar aquele conjunto de definições mais adequado ao seu recorte teórico, ou mesmo propor outras acepções que lhe possibilitem melhor análise do seu problema. É neste espaço que está situado este texto. Não se trata, aqui, de se propor uma nova linha teórica, mas, antes, rever algumas definições de linguagem, de gramática e de sintaxe correntes no nosso meio e tentar construir uma ponte entre os eixos "linguística do sistema" e "linguística do discurso" (KOCH, 1992, 10-2), de modo que sejam aproveitados pressupostos tanto de um campo quanto de outro, minimizando-se, quando da aplicação dessa ponte, os efeitos dessa dicotomia. Para tanto, serão apresentadas, concepções de linguagem, de gramática e de sintaxe nos dois eixos teóricos. Após a apresentação das definições de cada um desses termos, será feito um esforço de concatenação dessas definições, começando por linguagem, passando em seguida por gramática, indo finalizar com sintaxe. E após, uma abordagem sobre o fenômeno da quantificação na linguagem, ou seja, mais especificadamente, sobre a interpretação invariável e da proibição de uma quantificação vácua ou, simplesmente, condição global (overarching condition) de FI (interpretação plena) às variáveis livres e a negação de quantificação irrestrita.

DO ANTAGONISMO À COMPLEMENTARIDADE

O termo linguagem é usado na literatura da linguística com grande variação de sentido. Por ser uma atividade mental, ela é, conforme definição de Ataliba de Castilho (1993, p. 1), um "objeto escondido" do qual conhecemos apenas as manifestações concretas, como as línguas naturais. Decorre disso, a necessidade de uma teoria que revele esse objeto, de sorte que - seja conjeturando acerca de sua origem e desenvolvimento para explicar seu funcionamento, seja fazendo o caminho inverso, indo da sua realização nas manifestações de uso que o falante faz da linguagem, de modo a torná-la material concreto - possamos ir desvendando os mistérios daquilo que é constitutivo de nós mesmos e que tão pouco conhecemos.

As definições de linguagem, de acordo com a sistematização feita por Ingedore Koch (1992, p. 9-10), podem ser englobadas em três grandes grupos, a saber, a linguagem como (a) representação do pensamento, a linguagem como instrumento e a linguagem como lugar de interação.

O primeiro grupo, que está fundamentado por uma concepção de linguagem como representação do pensamento, tem base inatista. Tendo Chomsky como seu formulador, esta visão parte do princípio de que há na mente humana uma Gramática Universal (GU) que rege toda a aquisição e desenvolvimento de uma língua natural, por um falante, Assim, a GU seria a base para uma Gramática Particular (GP) que, por sua vez, seria própria daquela língua adquirida pelo falante. Daí, a postulação de que, ao se estudar as GPs , seria possível conhecer algo da GU, tal como se se estivesse a olhar um espelho.

Em segundo lugar, a concepção que toma a linguagem como instrumento, de forma a entender a língua como um código que, uma vez apropriado pelo falante, possibilitaria a esse falante comunicar-se plenamente com os demais usuários do mesmo código.

A linguagem teria, então, algumas funções oriundas da intencionalidade do usuário ao fazer uso dessa língua cuja principal função é, sob esta perspectiva, a transmissão de informações.

Por último, a linguagem é vista como um lugar de interação, como "forma de ação, ação interindividual finalisticamente orientada" (KOCH, 1992, p. 9-10). Aqui, o aspecto social da linguagem, ou seja, a sócio-interação tem papel preponderante tanto para a aquisição de uma língua como para que sejam moduladas as suas especificidades e possibilidades de uso concreto, já que é ela que possibilita aos seus usuários a realização de "reações e comportamentos que geram compromissos anteriormente inexistentes" (KOCH, 1992, p. 9-10).

Embora muitas vezes pareça que esses três grupos se oponham substancialmente, é interessante pensar que pode haver uma relação de complementaridade entre eles. Se não, vejamos.

Reunindo as postulações acima, teríamos a seguinte constatação: o ser humano é geneticamente dotado de uma faculdade de linguagem (GU), o que lhe possibilita aprender e desenvolver uma (ou mais) língua natural (GP). A língua natural, ao seu turno, é organizada e delineada a partir tanto das possibilidades oferecidas pela GU quanto por aquelas condições oriundas da realidade do grupo social que faz uso dessa língua. A GP é constituída por um conjunto de regras internas que regulam a sua organização, a sua estruturação e a sua realização. Por outro lado, a escolha pelo falante de tal ou qual estrutura da GP é resultante do processo sociointerativo. Ou seja, há um universo de combinações possíveis (ou aceitáveis) em uma língua do qual o seu falante pode lançar mão durante o uso da sua língua. Entretanto, as escolhas que ele faz são reguladas pela situação discursiva em que o falante e o seu interlocutor estão inseridos.

Outra questão também bastante interessante com a qual lidamos ao tratarmos de linguagem é a definição do que seja gramática. Quando se diz Gramática Universal (GU) ou Gramática Particular (GP), aparecem pelo menos duas visões gerais sobre o tema em foco. Vista da perspectiva da GU, gramática é um conjunto de mecanismos mentais que funcionam como uma base sobre a qual se assentam as GPs. Por sua vez, a GP é, além de uma manifestação concreta e especificada da GU, um conjunto de meios de estruturação e de organização próprios de uma língua X.

Tomando a materialidade da GP, o lingüista pode proceder a estudos que visem à faculdade da linguagem (para tanto, estabelecendo uma teoria de gramática) ou à descrição de determinada língua, constituindo gramática como objeto de estudo. Assim, como as concepções de linguagem, as definições de gramática também podem ser articuladas entre si. Partindo da perspectiva de que há uma fundamentação, uma base mental (GU) para a realização de uma língua X e que a GP apresenta a natureza e as especificidades dessa língua, é possível postular que há determinadas construções que são gramaticais, compatíveis com a organização dessa língua X e, por conseguinte, outras tantas construções agramaticais. Parece, então, pertinente entender gramática como sendo um conjunto de possibilidades de materialização de uma língua, de modo a oferecer quais são as formas de estruturação dessa língua tal, bem como o léxico que a constitui, sendo que as escolhas feitas pelo falante entre uma opção estrutural e outra são advindas das necessidades, exigências e possibilidades próprias de cada evento interativo. É nessa medida que se pode dizer que frases do tipo "Nóis vai na festa", embora vazadas em língua não padrão, são próprias da língua portuguesa, contrariamente ao que ocorreria se se alterasse a estrutura da frase para, por exemplo, "Festa na vai nóis". Não se trata aqui de discutir as regras sintáticas que apontam essa agramaticalidade, mas dizer que é através do estudo descritivo da língua que se chegou a tal postulação. Por outro lado, é a enunciação que norteia a escolha de determinado tipo de construção linguística, dentre o leque de possibilidades que a língua apresenta.

Nesse ponto, cabe um breve olhar sobre a relação forma / função dos elementos de que se vale o falante ao concretizar o uso da linguagem. Ao se deparar com os estudos sobre a língua, o linguista encontra uma aparentemente inevitável dicotomia entre o estudo das formas e o estudo das funções da língua. Essa separação chegou mesmo a produzir linhas de estudo quase que antagônicas, como os estruturalistas que tomam por objeto de estudo única e exclusivamente os dados concretos do enunciado, desconsiderando a interferência da enunciação, e os funcionalistas que observam a interação entre os usuários, deslocando, assim, o eixo da investigação para a enunciação. Todo o léxico, bem como as construções advindas do uso desse léxico, é entendido como os aspectos formais da língua. São elementos que se constituem como tal através da sua materialidade. Ora, a mente humana recusa-se a aceitar a forma por si só. Tanto é que, quando colocado diante de algo desconhecido, o homem busca atribuir-lhe sentido. Daí, ser pertinente pensar que uma forma para ser entendida como tal necessita apresentar uma função. Por outro lado, uma função existe para ser aplicada (ou estudada) em uma forma.

Segundo Émile Benveniste (1989),

> além das formas que comanda, a enunciação fornece as condições necessárias às grandes funções sintáticas. Desde o momento em que o enunciador se serve da língua para influenciar de algum modo o comportamento do alocutário, ele dispõe para este fim de um aparelho de funções. (BENVENISTE, 1989, p. 86).

Parece que a visão dicotômica entre forma / função perde força, deixando um mérito aos estudos estruturalistas que trouxeram grande contribuição aos conhecimentos linguísticos. Afinal, foram estes estudos que apontaram para a gramaticalidade das frases, através da descrição da língua. Entretanto, no uso efetivo da língua, entendida como um organismo vivo, o emprego de uma forma se dá em decorrência de uma função delineada pelo processo enunciativo. Em outras palavras, ao constituir-se como enunciador, o usuário necessita lançar mão de todo um "aparelho formal" que, por sua vez, vem comandado por funções semânticas / pragmáticas, sendo que ambas (forma e função) são orientadas pela enunciação.

Quando se fala em estruturações de uma língua, o termo sintaxe imediatamente aparece. [...] A sintaxe de uma língua é constituída pelas regras de combinações de sintagmas dessa língua. Os itens lexicais são organizados de modo linear, formando as frases de uma língua. Entretanto, não são todas as sequências de itens lexicais que constituem uma frase, ou seja, algumas sequências de itens lexicais são gramaticais (portanto, são frases de uma dada língua), enquanto outra são agramaticais. As propriedades sintáticas de uma língua apontam na direção da gramaticalidade das construções frasais dessa língua.

Na apresentação do livro **Linguagem e Argumentação**, de Ingedore Koch (1996), Marcuschi faz o seguinte comentário:

> a pragmática é um componente integrado à linguagem, situando-se **entre** o sintático e o semântico e não acrescentando-se **após** a interpretação dos enunciados. O componente

pragmático passa a assumir o caráter de constitutivo na produção de sentido ao fazer parte do significado geral do próprio enunciado. (MARCUSCHI apud KOCH, 1996, p. 14).

Deixando claro que pragmática é aqui entendida como parte da linguística que busca dar conta das circunstâncias que cercam a produção e recepção de textos e que discurso é, segundo Ingedore Koch (1996, p. 19), a "atividade comunicativa de um locutor, numa situação determinada, englobando não só o conjunto de enunciados por ele produzidos em tal situação [...] como também o evento de sua enunciação", o componente pragmático pode ser entendido como é a marca da enunciação no discurso. Assim, sendo a interação o objetivo central para o uso que fazemos da língua, a sintaxe parece estar a serviço da produção de sentido e a separação dos componentes sintáticos e semânticos dos discursivos deixa entrever uma possível simplificação de um processo no qual esses componentes estão altamente imbricados e cuja razão de ser está, ao que me parece, na própria simbiose funcional que eles possibilitam. Ora, em lugar de se proceder a estudos dos componentes constitutivos da linguagem de maneira compartimentada, isolando uns dos outros, há que estudá-los de maneira integrada, o que exige maior capacidade de visão do lingüista para que consiga apreender a língua como sendo de natureza global e processual. Conhecer as especificidades de cada componente da língua e, ainda, compreender as relações que há entre esses componentes requer muito mais trabalho que saber distinguir um componente do outro e traçar-lhes as características próprias.

Conforme Ingedore Koch (1996),

> Nos campos dos estudos lingüísticos, vem-se postulando, há pouco mais de uma década, a necessidade de se ampliar a noção chomskyana de competência, no sentido de incluir, além do conhecimento das regras gramaticais, a consciência do falante quanto ao 'modus operandi' da língua no contexto social. (KOCH, 1996, p. 17).

Tomando a perspectiva acima apresentada de que a situação interativa exerce influência na escolha da estrutura sintática quando o falante faz uso de sua língua, a visão de sintaxe, por consequência, ultrapassa o enunciado, indo encontrar suas bases no processamento discursivo. A partir dessa afirmação é possível pensar em uma sintaxe do discurso, adquirida através da interação social que os falantes travam entre si, colocando em desenvolvimento e aprimoramento a competência de que são dotados biologicamente. A sintaxe, segundo esta visão, tem suas bases tanto na capacidade inata do falante quanto no contexto sociocultural e discursivo em que o usuário está inserido. Ao discurso cabe o papel de oferecer indicativos das escolhas que o falante poderá efetuar. Um exemplo de estudo da sintaxe do discurso é o que Émile Benveniste faz em seus textos **A natureza dos pronomes** (1995, p.277-83) e **O aparelho formal da enunciação** (1989, p.81-90), quando apresenta o uso dos pronomes como marcas instauradoras das "instâncias enunciativas". Para finalizar, cabe a posição de Weinrich, apresentada por Koch (1996:43) "não se pode deixar de ter presente que a situação comunicativa é a medida de todo o sintático. E, assim, a sintaxe pode ser definida como a parte da ciência da linguagem que estuda o enlace (direto e indireto) da significação com a situação comunicativa" (WEINRICH apud KOCH, 1996, p. 43).

Assim, questões do tipo Que estrutura sintática pode ser usada para atender mais eficazmente tal situação discursiva? ou Que estruturas formais da língua são mais usadas em tais contextos com determinada natureza?

Se o programa minimalista é uma tentativa de procurar mostrar que os grandes sucessos do modelo padrão (competência) não são nada sólidos, embora baseados em uma tecnologia descritiva que funciona, isto é explicado a partir de uma perspectiva metodológica e não ontológica do programa minimalista.

Dirimir a dicotomia entre adequação descritiva (descrição dos fatos; maneira como as coisas realmente funcionam) e adequação explicativa (qual o método pelo qual a mente constrói uma teoria da linguagem descritivamente adequada) é estabelecer uma relação de complementaridade entre competência e desempenho. Mas como faze-lo se é extremamente difícil encontrar uma palavra que as pessoas não interpretem erroneamente?

O computar como o processamento da linguagem – ou seja, usando os conhecimentos e adaptando-os – implica em uma interação reflexiva. Mas, segundo Chomsky, isto faz parte do desempenho que envolve conhecimento ou, mais especificamente, as interpretações reflexivas são impostas pela mente, pois, o sucesso comunicativo de uma expressão linguística não fica automaticamente assegurada em razão de uma derivação convergente.

Nesse sentido, podemos entender o programa minimalista como um estágio do programa de princípios e parâmetros que, por sua vez, é um estágio do programa gerativista. Pode-se falar, então, em um mesmo programa.

Assim, no estágio do programa minimalista, o desempenho (processamento da linguagem – computação) é mais enfatizado do que a competência? Esta ênfase no desempenho, dada a dicotomia simples e complexo, não é descritiva da abstração de princípios gerais de regras complicadas para identificar um resíduo mais simples e, assim, responder a pergunta: como a criança computa com tão pouca informação?

Idealização ou abstração, como um esforço para encontrar a realidade, para encontrar o simples que se esconde por trás dos fenômenos ou do complexo, é um esforço para encontrar o que é predicado de muitos.

E se é predicado de muitos, é necessário que a situação comunicativa seja a medida de todo o sintático, isto é, a situação interativa exerce influência na escolha da estrutura sintática quando o falante faz uso de sua língua; a visão de sintaxe, por conseqüência, ultrapassa o enunciado, indo encontrar suas bases no processamento discursivo.

O FENÔMENO DA QUANTIFICAÇÃO NA LINGUAGEM: Da interpretação invariável e da proibição de uma quantificação vácua ou, simplesmente, condição global (overarching condition) de FI (interpretação plena) às variáveis livres e a negação de quantificação irrestrita.

A partir da distinção entre os princípios da UG (gramática universal) e as propriedades particulares das línguas, que introduzem considerações de localidade, é construído o alicerce para o princípio nominado menor esforço, cujo significado intuitivo é que as derivações devem ser tão econômicas quanto possível. Trata-se de um princípio aparentemente específico à faculdade da linguagem na sua formulação real e determinante da natureza da faculdade da linguagem em geral. A noção de FI (interpretação plena), orientada a partir desse conteúdo intuitivo, afirma o pressuposto de que um elemento só pode aparecer numa representação se for corretamente licenciado. E se a condição de FI (interpretação plena) se aplica à Estrutura-D, PF (forma fonética) e LF (forma lógica), ou seja, aos três níveis fundamentais que constituem as interfaces entre o sistema computacional da linguagem e outros sistemas, o licenciamento determinado pela condição FI (interpretação plena) corresponde às condições que relacionam a sintaxe, constituída em sentido lato, com outros sistemas da mente/cérebro.

A condição de FI (interpretação plena), originária do conteúdo intuitivo determinante do princípio do menor esforço, se aplica na PF (forma fonética) de modo forte, ou seja,

> uma da condições sobre a representação fonética é que cada símbolo seja interpretado em termos de mecanismos articulatórios e perceptuais, de modo invariante em relação às línguas particulares; uma representação sem esta propriedade não é simplesmente considerada como sendo uma representação fonética, mas sim uma representação num nível mais elevado, que tem ainda de ser convertida numa PF. [...] A noção correspondente em LF seria que todo o elemento que aparece em LF tem de possuir uma interpretação invariante, independentemente das línguas particulares, e em termos das interacções com os sistemas da estrutura conceptual e do uso da linguagem. (CHOMSKY. 2000, p. 221-222)

A condição de FI (interpretação plena) quanto à interpretação de modo invariante, decorrente do princípio do menor esforço ou do pressuposto de que um elemento só pode aparecer numa representação se for corretamente licenciado, acarreta, na linguagem, a proibição da quantificação vácua, ou seja, aquela permitida nos sistemas formais e que podemos representar com a expressão para todo o x, 2 + 2 = 4. Nesse sentido, a linguagem difere dos sistemas formais na medida em que não é permitida expressão como <u>quem o John viu Bill</u> ser interpretada como <u>John viu Bill</u>, nem tão pouco, uma expressão como <u>toda alguma pessoa saiu</u> ser interpretada como <u>alguma pessoa saiu</u>.

Neste ponto, podemos expor o conteúdo intuitivo da condição de FI (interpretação plena) como, em parte, a negação de uma interpretação variável e, por conseguinte, a proibição de uma quantificação vácua, ou seja, a medida entre os princípios da UG e as propriedades particulares das línguas que introduzem considerações de localidade. Deste modo, se uma dada língua reconhecer a expressão <u>quem a Maria viu</u> ou <u>o homem que a Maria o viu</u>, podemos inferir que o pronome é uma variável ligada pelo operador que, por sua vez, não pode ser ignorado, mas, a interpretação em que o operador é vácuo é excluída porque as expressões não podem ser interpretadas significando <u>Maria viu x</u> ou <u>o homem y que a Maria viu x</u>. No entanto, a possibilidade de uma interpretação acarretaria a expressão <u>quem é a pessoa x tal que a Maria viu x</u>.

Nesse sentido, segundo Noam Chomsky (2000?), uma teoria gramatical que cria regras específicas e proibitivas das construções e interpretações acima dadas nasce fadada ao erro, mas não se trata de um paradoxo se observarmos o conteúdo intuitivo da condição de FI (interpretação plena) não confundindo-o com a exigência de dispositivos e regras com precisão demasiada para dar conta de realizar uma interpretação invariável e a proibição de uma quantificação vácua. Mas, se não se trata de um paradoxo, então, estamos diante de princípios gerais ou condição global (overarching condition) de FI (interpretação plena) possibilitando a exclusão de construções proibidas, pois,

> não existem razões para supor que os mecanismos da linguagem contêm dispositivos e regras supérfluos para chegar ao mesmo reultado, redundantemente, em casos especiais. Do mesmo modo, a componente fonológica não contém regras que exprimem casos especiais de propriedades gerais da fonética

universal ou das representações fonéticas. (CHOMSKY, 2000, p.224).

Como que a negação de uma interpretação variável e a proibição de uma quantificação vácua ou, simplesmente, condição global (overarching condition) de FI (interpretação plena) possibilitam a exclusão de construções proibidas com a só designação de um princípio geral que não se sabe genérico ou universal? Pois, se genérico, como poderemos observar, não há a possibilidade da negação do paradoxo indicado, nem tão pouco, das afirmações de Chomsky acima.

Se generalidade é a reunião de coisas que possuem uma ou várias especificidades comuns entre si, ou seja, um conjunto de coisas que apresentam qualidades semelhantes ou, ainda, a propriedade que os substantivos possuem de indicar as coisas pela terminação ou pela significação, esta se define diferente de universidade que, por sua vez, é o que abrange tudo; que se estende a tudo e por toda a parte; que provém de todos; que tem caráter de absoluta generalidade. Assim, na impossibilidade de apontarmos a medida do ontológico e do lógico como determinante da diferença entre universalidade e generalidade é que recorremos à discussão sobre o paradoxo apresentado por Senão em Parmênedis de Platão.

O gênero, em lógica, é a referência à uma classe que tem maior extensão e, por isso, menor compreensão do que outra que tem menor extensão, chamada espécie.[2] Mas, se o gênero, na lógica clássica, é usado para a definição, combinando-o com a diferença específica; em tal caso, o gênero nominado "próximo" não guarda correspondência com o termo universal, dada a natureza ontológica desse último.[3]

---

[2] Assim, por exemplo, a classe dos animais é um gênero em relação à classe dos homens, a qual é uma espécie do dito gênero. Mas, a classe dos animais é uma espécie do gênero que constitui a classe dos seres vivos. Quando um gênero abrange todas as espécies, chama-se "gênero generalíssimo" ou "gênero supremo": exemplos deste gênero são (segundo os autores), a substância, a coisa ou o ser. Alguns autores, entretanto, falam de gêneros supremos (no plural) e os consideram como gêneros indefiníveis que servem para definir os outros gêneros e não são eles próprios espécies de nenhum outro gênero; tais gêneros equivalem então às categorias consideradas como noções primordiais e irredutíveis." (MORA, p. 313-314).

[3] A noção de gênero foi definida de muitas maneiras pelos filósofos, que, ademais, a identificaram com frequência com outros conceitos. Platão, por exemplo, falou muitas vezes dos gêneros como ideias. Aristóteles (em Top., I 5, 102 a 31) define o gênero, γένος, como o atributo essencial aplicável a uma pluralidade de coisas que diferem entre si

especificamente; a definição aristotélica constitui, em linhas gerais, a base para a concepção que tem do gênero os lógicos de tendência clássica. Porfírio discute o gênero na Isagoge como um dos predicáveis; as ideias porferianas sobre as analogias e diferenças entre o gênero e os demais predicáveis foram delineadas no artigo dedicado a este último conceito. Várias escolas (principalmente os estóicos) definem o gênero como um conceito coletivo; outras tendem a identificar o conceito de gênero com o conceito de universal. Esta última tendência explica a frequente apresentação das diversas doutrinas medievais sobre os universais como doutrinas relativas à natureza ontológica dos gêneros, se bem que, por vezes, se acrescentem (como fez Porfírio) os gêneros às espécies para indagar-se acerca do seu status. As definições que, no âmbito da disputa dos universais, se dão do gênero correspondem às diversas posições adotadas: os gêneros são apresentados, com efeito, como entidades, enunciados (sermones), etc. Isto não significa que sempre haja confusão entre o gênero entendido em sentido ontológico e o gênero entendido em sentido lógico. Muitos autores medievais estabelecem cuidadosamente a distinção entre o *genus naturale* e o *genus logicum*: o primeiro é um universal cuja natureza ontológica se trata de determinar; o segundo é uma forma de predicação. Essa distinção é desprezada por muitos autores modernos, os quais usam o termo "gênero" em ambas as acepções mencionadas. As razões (implícita ou explicitamente) aduzidas para adotar este último uso baseiam-se na idéia de que não é necessário separar a questão dos universais numa parte ontológica e numa parte lógica; a questão surge, com efeito, tão logo ela é formulada no particulares, estes últimos equiparados a entidades concretas ou singulares, nos defrontamos com o problema do status ontológico em relação aos "universais". Trata-se de determinar que classe de entidades são os universais, isto é, qual a sua forma peculiar de 'existência". O problema exposto com frequência na história da filosofia, sobretudo desde Platão e Aristóteles, é retomado a partir da tradução que Boécio fez da Isagoge de Porfírio. O filósofo neoplatônico escreveu o seguinte:

> Como é necessário, Crisaoro, para compreender a doutrina das categorias de Aristóteles, saber o que é o gênero, a diferença, a espécie, o próprio e o acidente, e como esse conhecimento é útil para a definição e, em geral, para tudo o que se refere à divisão e à demonstração, cuja doutrina é muito proveitosa, intentarei num compêndio e à maneira de instrução resumir o que os nossos antecessores disseram a tal respeito, abstendo-me de questões demasiado profundas e, mesmo, detendo-me pouco nas mais simples. Não intentarei enunciar se os gêneros e as espécies por si ou na inteligência nua, nem se, no caso de subsistirem, são corpóreos ou incorpóreos, nem se

campo da lógica, e observa-se que toda solução requer uma prévia ontológica acerca do status das entidades lógicas.

existem separados dos objetos sensíveis ou nesses objetos, fazendo parte dos mesmos. Esse problema é excessivo e requeriria indagações mais amplas. Limitar-me-ei a indicar o mais plausível que os antigos e, sobretudo, os peripatéticos disseram razoavelmente sobre esse ponto e os anteriores. (Isagoge, I, 1-16; Boécio refere-se a essas palavras de Porfírio na chamada "Segunda editio" dos seus comentários às Categorias: commentarii in librum Aristotelis, texto em grego, p. 738, vol. 1. livro I) (MORA, 2001, p. 314)

As principais posições que se referiram à colocação do problema dos universais feita por Porfírio e transmitida por Boécio, durante a Idade Média, são:

1. O realismo. Segundo este, os universais existem realmente; sua existência é, além disso, prévia e anterior à das coisas ou, segundo a fórmula tradicional, universalia ante rem. Se assim não ocorresse, argumentam os defensores dessa posição, seria impossível entender qualquer das coisas particulares. Com efeito, essas coisas particulares estão fundamentadas (metafisicamente) nos universais. Mesmo quando afirma que universalia sunt realia, a maior parte dos realistas não quer dizer que os universais sejam reais a maneira das

coisas corpóreas ou dos entes "situados" no espaço e no tempo.

2. O nominalismo. O pressuposto comum a todos os nominalistas é que os universais não são reais, mas se situam depois das coisas: universalia post rem. Os universais são o resultado do que os medievais chamavam de "abstrações totais".

3. O realismo moderado, para o qual os universais existem realmente, embora unicamente como formas das coisas particulares, isto é, tendo seu fundamento na coisa: universalia in re. Os realista moderados podem não negar que há universais em Deus enquanto arquétipos das coisas, pelo que é frequente encontrar o realismo moderado misturado ao "realismo agostiniano. (MORA, 2001, p. 689-690).

Quando, na lógica contemporânea, se procurou definir o status existencial das classes a questão dos universais reaparece. Desde de Frege, considerado um defensor da posição realista ou platônica, ficou claro a dificuldade de se evitar tomar uma posição a respeito. Essa posição foi defendida por Russell e muitos lógicos aderirem a ela ou trabalharam, sem saber, de acordo com os seus pressupostos. Vinte anos depois, Chwistk, Quine, Goodman e, mais recentemente, R. M. Martin defenderam a posição nominalista diante da posição platônica defendida por Alonzo Church. (MORA, 2001, p. 690).

As posições possíveis que podem ser adotadas na discussão dos universais são:

> 1. Realismo absoluto, também chamado platonismo, tese segundo a qual somente os universais (que chamaremos agora de entidades abstratas) existem, sendo os indivíduos (que chamaremos agora de entidades concretas) cópias ou exemplos das entidades abstratas; 2. Realismo exagerado, também chamado platonismo, tese segundo a qual as entidades abstratas existem formalmente e constituem a essência das entidades concretas; 3. Realismo moderado, ocasionalmente chamado platonismo, tese segundo a qual existem a entidades abstratas e as entidades concretas: as primeiras existem fundamentalmente quanto à sua compreensão; as segundas existem fundamentalmente quanto ao seu ser; 4. Conceptualismo, tese segundo a qual não existem as entidades abstratas na realidade, ma tão-somente como conceitos da nossa mente, isto é, como idéias abstratas; 5. Nominalismo moderado, tese segunda a qual não existem as entidades abstratas, somente as entidades concretas; 6. Nominalismo exagerado, também chamado terminismo, tese segundo a qual não existem nem entidades abstratas, nem

os conceitos abstratos, sendo estes últimos apenas nomes ou termos comuns para designar as entidades concretas; 7. Nominalismo absoluto, também chamado de inscricionismo, tese que afirma o mesmo que o nominalismo exagerado, mas acrescentando que os termos usados para designar as entidades concretas são, ao mesmo tempo, entidades concretas. (MORA, 2001, p. 690-691).

A dificuldade de se evitar tomar uma posição a respeito culminava, concomitantemente, com a dificuldade de tomar uma posição pura, pois, cada uma dessas posições apresentava-se, com freqüência, misturada a alguma outra na história da filosofia. Então, podemos observar que as posições acima indicadas como (3) e (4) e como (4) e (5) estão tão próximas entre si, que se pode até questionar se será cabível estabelecer entre elas uma distinção rigorosa. Assim, se adota uma classificação reduzida a realismo exagerado, nominalismo e realismo moderado ou, respectivamente, realismo, nominalismo e conceptualismo, abrangendo cada uma dessa posições diversas variantes.

Assim, superada essa questão da dicotomia entre generalidade e universalidade, podemos afirmar que a negação de uma interpretação variável e a proibição de uma quantificação vácua ou, simplesmente, condição global (overarching condition) de FI (interpretação plena) possibilitando a exclusão de construções proibidas, designam um princípio geral ou universal sem qualquer correspondência com o termo generalidade que, por sua vez, é a negação do paradoxo e das afirmações de Chomsky acima.

Essa questão, por sua vez, nos leva à inteligibilidade sobre as variáveis livres vinculadas a um domínio determinado pelo seu quantificador restrito, pois, é vedada a quantificação irrestrita. Segundo Noam Chomsky (2000),

> os sistemas formais permitem expressões bem formadas com variáveis livres, interpretando-as como sendo universalmente quantificadas ou com a variável livre tratada como se fosse um nome próprio arbitrário, como, por exemplo, no decurso da dedução natural ou nas matemáticas intuitivas em geral. Um elemento semelhante a uma variável livre na linguagem natural seria uma categoria vazia ligada por um operador vazio. (CHOMSKY, 2000, p.224).

Nas construções adjetivas complexas são um modelo dessa categoria vazia ligada por um operador vazio. Por exemplo:

**1. O João é demasiado inteligente
apanhar.**
(O João é demasiado inteligente para ser
apanhado.)

**2. Se o João é demasiado inteligente
esperar alguém apanhar, então não
esperamos ninguém apanhar João.**
(Se o João é demasiado inteligente para se
esperar que alguém o apanhe, então não
esperamos que ninguém apanhe o João.)

As propriedades gerais dessas construções são uma conseqüência do pressuposto de que a sua representação subjacente de **Estrutura-D**, ou seja, que o movimento de um operador vazio, obedecendo as condições normais sobre o **movimento-Ā**, eleva a categoria vazia **Op** para a posição **C** da oração entre parênteses (para a posição de especificador de **CP** – constituinte oracional), deixando o **vestígio t** na representação de **estrutura-S**. Assim, temos:

**Estrutura-D:
O João é demasiado inteligente [cp PRO
apanhar Op]**

Estrutura-S:
O João é demasiado inteligente [cp Op
[PRO apanhar t]

É um fato empírico e não trivial que a condição de **FI** (interpretação plena) em **LF** (forma lógica) inclui a propriedade da ligação forte em que toda a variável tem que possuir a sua extensão determinada por um quantificador restrito, ou tem de possuir o seu valor determinado por um antecedente. Assim, se o operador **Op** acima é vazio, o valor da variável tem que ser determinado pelo antecedente **João**, sendo a escolha determinada por condições de localidade sobre a predicação. Estas propriedades são suficientes para explicar os exemplos acima em 1 e 2, isto é:

Se o João é demasiado inteligente esperar alguém apanhar, então não esperamos ninguém apanhar o João.

(Se o João é demasiado inteligente para se esperar que alguém o apanhe, então não esperamos que ninguém apanhe o João.)

O João é demasiado inteligente [cp Op C
[IP PRO esperar [alguém apanhar t]]

A variável não pode ser ligada por **alguém** ou **PRO**, do mesmo modo que não pode ser ligada por **eles** ou **ele** em: **(eu não sei) [quem <u>ele</u> esperava [<u>eles</u> apanhar t]] – (não sei quem (é que) ele esperava que eles apanhassem)**. Assim, pela condição da ligação forte a variável tem **João** como antecedente. E, ainda, **PRO** tem que ser arbitrário, por que se fosse ligado por **João** (como em: **João é demasiado inteligente [PRO apanhar o Bill] – (João é demasiado inteligente para apanhar o Bill)**) violaria o princípio ilustrado ("Da interpretação invariável e da proibição de uma quantificação vácua ou, simplesmente, condição global (overarching condition) de FI (interpretação plena) às variáveis livres e a negação de quantificação irrestrita"). A análise pressupõe que a ligação se baseia em uma relação de equivalência, ou seja, o predicado adjetivado **demasiado inteligente para** exige controle obrigatório de PRO pelo sujeito principal. Assim, em **o João é demasiado inteligente para PRO esperar (que) ...**, **PRO** é controlado por o **João**. E, por este motivo, é que o objeto de **apanhar** não pode ser um vestígio variável ligado de modo forte por **o João**, como em

**O João é demasiado inteligente [cp Opi C
[IP PROi esperar [alguém apanhar t]];**

neste caso a variável ligada por PRO, o que não é permitido pelo princípio discutido no texto. Em português é necessário recorrer a um elemento pronominal, o qual não esta sujeito ao princípio de ligação que rege a variável, como em:

O João é demasiado inteligente [cp C [IP PRO esperar [alguém apanhar t]]

Uma variável, sujeita à uma ligação forte, tem que possuir um domínio determinado pelo seu quantificador restrito, ou possuir um valor determinado por um antecedente que satisfaz determinadas propriedades estruturais, ou seja, quando o operador é uma categoria vazia, como em (João e não Maria):

A Maria esperava o João ser demasiado inteligente apanhar

A Maria esperava que o João fosse demasiado inteligente para ser apanhado

O João é demasiado inteligente [cp PRO apanhar Op]

O João é demasiado inteligente [cp Op [PRO apanhar t]

(O João é demasiado inteligente para ser apanhado)

O exemplo acima, não pode significar que João é tão inteligente que não pode apanhar tudo, ou que não pode apanhar alguma coisa (alguém) ou outra, contrariamente a João comeu, que significa que João comeu alguma coisa ou outra.

A linguagem não permite quantificação irrestrita, contrariamente aos sistemas formais típicos. Assim, em um sistema de quantificação restrita, cada quantificador vem acompanhado de uma função proposicional (a restrição), que especifica o domínio de sua variável, e que é independente da proposição principal; assim, nesse sistema, as expressões todo homem é mortal e algum homem é mortal têm as representações abaixo, em que x = homem é a restrição:

a. **∀x: x = homem (x é mortal)**
b. **∃x: x = homem (x é mortal)**

Para uma discussão mais detalhada, incluindo argumentos em apoio da idéia de que as línguas naturais só permitem a quantificação restrita, podemos, segundo FREGE (1978), distinguir argumentos simples, como aqueles que se referem a indivíduos particulares (**João é mortal**), de argumentos quantificados, como os que têm uma estrutura complexa por conter um quantificador (**Um João é mortal**).

O quantificador, nos argumentos quantificados, determina, informalmente, a quantidade de indivíduos, e o predicado delimita o grupo em que esses indivíduos devem ser buscados, ou seja, expressões quantificadas é predicar a respeito dos predicados ou, segundo FREGE (1978), predicação de segunda ordem.

No sintagma **Todos os homens**, o quantificador indica a totalidade de uma classe definida pelo predicado homem, mas, em uma sentença quantificada **Todos os homens são mortais**, o quantificador não indica quantidade, mas, sim, estabelece relação entre conjuntos. Assim, a relação entre o conjunto de **os homens** e o conjunto de **são mortais** é uma relação de inclusão, isto é, o conjunto de **os homens** está incluído no conjunto de **são mortais**. No entanto, na sentença **Um João é mortal** a relação é de interseção. <u>Quantificação, então, é um predicado que relaciona dois conjuntos.</u>

Então, se a quantificação, como podemos observar, é um fenômeno ligado exclusivamente ao sintagma nominal, a quantificação não precisa ser expressa por um determinante dentro do sintagma nominal, podendo se realizar por outros elementos da sentença. E se, na sentença **Homem é mortal**, a quantificação pode estar no sintagma nominal ou ser adverbial, e se não estamos falando de um indivíduo particular, mas fazendo uma generalização sobre uma classe de indivíduos, é possível afirmar que a forma semântica da sentença **Homem é mortal** é a mesma que a da sentença **Todo homem é mortal**. Uma outra alternativa é considerar a sentença **Homem é mortal** não diz exatamente o mesmo que a sentença **Todo homem é mortal**, pois, as condições de verdade dessa duas sentenças não são as mesmas, ou seja, a primeira expressa uma generalização que suporta exceções, ao passo que a segunda, pelo contrário, expressa uma generalização que não suporta exceções. <u>Daí, a necessidade de abordarmos a discussão que diz respeito a dicotomia entre universalismo e generalismo.</u>

Podemos afirmar, então, que a sentença **Homem é mortal** não afirma uma inclusão do conjunto de **homem** no conjunto de **é mortal**, pois se assim fosse, não admitiria exceções.

Já em um sistema de quantificação irrestrita (usado na maioria dos manuais de lógica), todas as variáveis têm o mesmo domínio, e a restrição é dada na própria proposição principal sobre a qual o quantificador tem escopo; concomitantemente, a proposição principal contém (pelo menos) duas expressões atômicas, ligadas pelo conector da implicação no caso da quantificação universal, e pelo conector da conjunção no caso da quantificação existencial:

a. Dado qualquer x no universo: se x é homem, então x é mortal.

$\forall x$: (x é homem $\Rightarrow$ x é mortal)

Quantificador universal

b. Existe, pelo menos, um x tal que: x é homem e x é mortal.

$\exists x$: (x é homem $\wedge$ x é mortal)

Quantificador existencial

A variável acima tem como domínio o conjunto de todas as coisas (objetos, pessoas, ...) e a restrição é dada por uma das proposições atômicas. Mas, para entendermos as razões que motivam uma quantificação irrestrita, devemos considerar que para além dos conectivos lógicos "não", "e", "ou", "se, então" e "se e somente se" (constantes lógicas), examinados no cálculo sentencial, existem outros termos relevantes para a lógica que são examinados no cálculo de predicados, ou seja, imaginemos um conjunto de objetos considerados em um universo de discurso (U), onde cada objeto é indicado por uma letras "a", "b", "c" ..., na condição de nomes, como constantes não lógicas e representado um bem determinado, objeto de universo de discurso (U). Usaremos as letras "x", "y", "z", na condição de pronomes, como variáveis e que representam um elemento não especificado do universo de discurso (U), e, como as variáveis não variam, cada qual indica um elemento do universo de discurso (U) que deixou de ser especificado.

Quando falamos dos objetos de U, falamos de suas propriedades e das relações que mantêm uns com os outros. As letras predicados de um, dois ou mais lugares auxiliam na representação de predicados, ou seja, uma letras sugestiva "B" para abreviar "... é bom" seria predicado de um lugar; a letra sugestiva "A" para abreviar a relação "... está acima de ...", seria predicado de dois lugares; podendo chegar a um predicado de quatro lugares com X pagou a quantia Y a Z, para adquirir W.

Deste modo, <u>podemos formar sentenças associando a letra predicado às constantes</u>, por exemplo: **Ba (a é bom)** ou **Abc (b está acima de c)**. <u>Podemos, ainda, formar quase sentenças ou abertos usando as variáveis</u>, por exemplo: **Bx (ele é bom)** ou

Axb (ele está acima de b) ou **Aby (b está acima de y)**. <u>As quase sentenças ou abertos se transformam em sentenças quando as variáveis são substituídas por constantes</u>, por exemplo: **Bx** fornece **Ba**, **Bb** etc. – <u>verdadeiras ou falsas na medida em que a e b sejam nomes de indivíduos bons ou de coisas boas conforme o universo de discurso (U)</u> que engloba, no mínimo, pessoas, objetos etc., perdendo a homogeneidade que usualmente deviam preservar. **Aby** pode formar **Abc**, **Abd** etc., inclusive **Abb** (falsa!).

Temos assim, a condição propícia para introduzir os quantificadores ∀ **(∀x)** e ∃ **(∃x)** que são palavras e expressões usadas para indicar quantidade, sendo que a lógica dá especial atenção à "todos" ou "∀ " como quantificador universal e à "algum", "alguns", "alguma" etc., ou "∃ " como quantificador existencial.

O quantificador universal se une a uma variável, formando a expressão ∀x que corresponde a **qualquer que seja x** ou **qualquer que seja o objeto do universo em tela** ou **dada qualquer coisa no universo, ela**. Isoladamente, a expressão não informa nada, a não ser se associada a alguma expressão do tipo Bx (x é bom), onde B (é bom) representa um predicado qualquer, passível de ser atribuído aos objetos do universo ou um não especificado elemento de U – uma variável. Assim, $\forall x$**Bx** corresponde a **dada qualquer coisa no universo, ela é boa**, ou **dado qualquer x no universo, x é bom**, ou **dado qualquer x no universo, Bx**, ou todos os objetos do universo têm a propriedade B, ou **para um arbitrário x, temos Bx**, ou seja, **qual for x, tem-se Bx**, ou **para todos os x, Bx**, ou **todo x é tal que Bx**.

O quantificador existencial ou particularizador com uma variável forma a expressão $\exists x$ que corresponde a **algum x**, ou seja, **algum objeto do universo considerado**. Do mesmo modo, a expressão isolada não informa nada, a não ser se associada a alguma expressão do tipo Bx (x é bom), onde B (é bom) representa um predicado qualquer, passível de ser atribuído a algum objeto do universo ou algum não especificado elemento de U – uma variável. Assim, $\exists x$**Bx** corresponde a **existe, pelo menos, uma coisa que é boa**, ou **existe, pelo menos, um x tal que x é bom**, ou **existe, pelo menos, um x tal que Bx**, ou **algum objeto do universo tem a propriedade B**, ou **há um x tal que, Bx**, ou **existe um objeto x tal que, Bx**.

CONCLUSÃO

Toda essa questão, considerada a racionalidade que busca justificar a negação do sujeito universal como fundamento, comporta duas proposições explicativas[4]: a

---

[4] Trata-se de uma perspectiva analógica face às assertivas de Ducrot. São elas:

"O texto comporta duas proposições explícitas

A nós somos cristãos;

B os negros são homens.

O raciocínio dos escravagistas toma por premissa

(1) **B** $\to\neg$**A** (= se nós supusessemos que eles são homens começar-se-ia a crer que nos mesmos não somos cristãos)

(2) **Não B** (= é impossível que essas pessoas sejam homens)

Para obter a conclusão (2) a partir da premissa (1) é preciso

- aplicar a premissa à lei lógica dita de contraposição (p $\to$ q é equivalente à $\neg$q $\to\neg$p). Obtem-se então não não A $\to$ não B o que dá se se elimina a dupla negação

(3) **A** $\to\neg$**B**

Daí implicitamente uma premissa suplementar que parece depender da evidência A (= nós somos cristão)

- concluir de (3) utilizando-se a nova premissa A

(4) **não B** (= os negros não são homens)

Toda ironia de Montesquieu consiste em sugerir como também aceitável um percurso que partindo da mesma premissa (1), isto é **B** $\to\neg$**A** tomaria como premissa suplementar **não A**, mas **B** (= os negros são homens). Com essa premissa **B** com efeito e a premissa (1) (= **B** $\to$ **não A**) é-se levado a concluir

primeira chamamos **A** (ou seja, nós somos homens); a segunda chamamos **B** (ou seja, o louco é racional [que tem o perfeito equilíbrio de todas as faculdades; fora daí insânia, insânia e só insânia]). O raciocínio do alienista toma por premissa (1) **B → Não A** (ou seja, se nós supusessemos que o louco é racional, começar-se-ia a crer que nos mesmos não seríamos homens). No entanto, (2) **Não B** (ou seja, é impossível que essas pessoas sejam racionais). Mas, para se obter a conclusão (2) **Não B** a partir da premissa (1) **B → Não A** é preciso aplicar à premissa a lógica dita por contraposição (**P → Q** é equivalente à **Não Q → Não P**). Se assim o fizermos, obtemos **Não Não A → Não B**, ou seja, eliminada a dupla negação, teremos (3) **A → Não B** (ou seja, se nós supusessemos que nos mesmos somos homens, começar-se-ia a crer que o louco não é racional). Daí, uma premissa suplementar que parece depender de evidência é, implicitamente, deduzida como **A** (ou seja, nós somos homens) para, então, concluir (4) **Não B** (ou seja, o louco não é racional)

A ironia consiste em sugerir como também aceitável um percurso que partindo da mesma premissa (1) **B → ¬A** (ou seja, se

---

não A (= Nós não somos cristãos)." (DUCROT. 1981. p. 148) nós supusessemos que o louco é racional, começar-se-ia a crer que nos mesmos não seríamos homens), toma como premissa suplementar, não a assertiva **A**, mas, sim, (2) **B** (ou seja, o louco é racional) para, então, concluir $\neg$**A** (ou seja, nós não somos homens).

A lógica, dita por contraposição, em que **P $\rightarrow$ Q** é equivalente à **Não Q $\rightarrow$ Não P**, implica substituímos o termo sujeito pelo complemento (ou seja, **Não**) do termo predicado e substituímos o termo predicado pelo complemento (ou seja, **Não**) do termo sujeito. E essa lógica dita por contraposição nos leva ao paradoxo da confirmação.[5] Esse paradoxo é descrito e testado com uma narrativa que remonta o problema filosófico da indução. Isto é, se toda vez que descubro um corvo preto estou confirmando a generalização "Todos os corvos são pretos", então, a confirmação pode ser assim descrita: a generalização "Todas as coisas não-pretas são não-corvos" é confirmada sempre que avisto algo não-preto que não seja um corvo, como o meu fusca amarelo. Mas, se as duas generalizações são logicamente equivalentes (**P $\rightarrow$ Q** e **Não Q $\rightarrow$ Não P**), então, sempre

---

[5] Ler COPI, Irving. Introdução à lógica (1968) e ARISTÓTELES. Organon (2002).

que vejo fuscas amarelos, estou confirmando que todos os corvos são pretos.

Dito mais propriamente, toda vez que descubro um louco que não é racional estou confirmando a generalização "Todos os loucos não são racionais", então, a confirmação pode ser assim descrita: a generalização "Todos os não racionais não são não loucos" ou "Todos os não racionais são loucos" é confirmada sempre que avisto um homem não racional que seja louco. Em uma perspectiva semelhante, toda vez que descubro um louco que não é racional estou confirmando a generalização "Todos os loucos são irracionais", então, a confirmação pode ser assim descrita: a generalização "Todos os loucos são irracionais" ou "Todos os não irracionais são não loucos" é confirmada sempre que avisto um homem não irracional que não seja louco, como o meu fusca amarelo. Mas, se as duas generalizações são logicamente equivalentes (**P → Q** e **Não Q → Não P**), então, sempre que vejo fuscas amarelos, estou confirmando que "Todos os loucos são irracionais" ou "Todos os não irracionais são não loucos".

Assim, determinada a causa do fenômeno loucura, o desequilíbrio de todas as faculdades mentais, o remédio universal é a internação na Casa Verde. E se vemos alguém que não está internado na Casa

Verde, podemos deduzir logicamente que esse homem não é louco e tem todas as faculdades mentais. Mas, se vemos alguém que está internado na Casa Verde, não podemos deduzir logicamente que esse homem é louco e não tem todas as faculdades mentais. Nesse caso ocorre o que chamamos de problema filosófico da indução ou da violação dos limites impostos à conversão[6], que implica a permuta dos termos do sujeito e do predicado, de uma proposição universal afirmativa.

E a dúvida que afligiu o alienista, tanto que não cessou a busca pelo remédio universal, tem o seu fundamento na lógica por obversão[7], que implica deixamos inalterados a quantidade e o termo sujeito, mudamos a qualidade da proposição e substituímos o predicado pelo seu complemento, pode ser assim descrita: o complemento de uma proposição particular ou universal é equivalente por obversão à proposição contrária ou ao contrário dessa proposição particular ou universal, ou seja, "Algum S é **NÃO** P" e "Todo S é **NÃO** P" é o complemento de "Algum S é P" e "Todo S é P" e equivalente por obversão a "Algum S

---

[6] Ler COPI, Irving. Introdução à lógica (1968) e ARISTÓTELES. Organon (2002).

[7] Ler COPI, Irving. Introdução à lógica (1968) e ARISTÓTELES. Organon (2002).

não é P" e "Nenhum S é P/Todo S não é P", respectivamente. Bem como, "Algum S não é **NÃO** P" e "Nenhum S é **NÃO** P/Todo S não é **NÃO** P" é o complemento de "Algum S não é P" e "Nenhum S é P/Todo S não é P" e equivalente por obversão a "Algum S é P" e "Todo S é P", respectivamente. Como demonstrado no quadro abaixo:

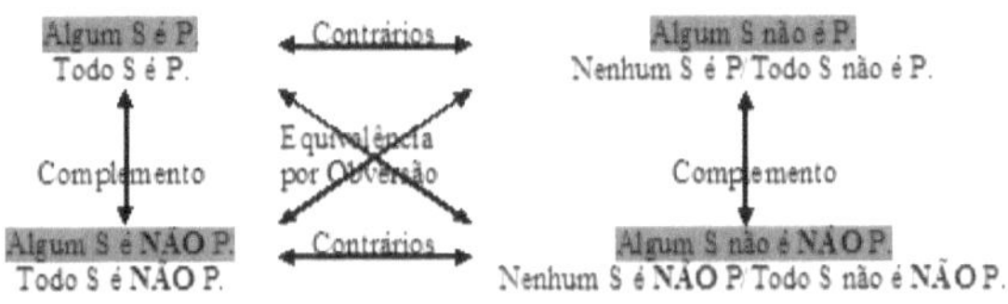

E se "Todos os loucos são não irracionais" é o complemento de "Todos os loucos são irracionais" e é equivalente por obversão a "Todos os loucos não são irracionais", então os contrários "Todos os loucos são irracionais" e "Todos os loucos não são irracionais" são proposições verdadeiras a um só tempo, pressuposta a verdade do complemento.

E se assim fundamentamos a dúvida, a dúvida ou a inconsistência que, por sua vez, são o fundamento para as escolhas fazemos ou para as decisões que tomamos, então, podemos imaginar, por hipótese, um aparato teórico (um sistema ou uma teoria) T, tal que só possamos, com T, demonstrar o que é verdadeiro? Para tanto, vamos considerar a asserção U: Essa asserção não é demonstrável em T. Antes de darmos seguimento à provocação, uma particular consideração, a partir da mera observação, marca o pressuposto de que U, como asserção, não é necessariamente a asserção, como termo do sujeito, na asserção U: Essa asserção não é demonstrável em T. Dito isso, pensemos outras questões implicadas [com] e passemos às considerações hipotéticas que pressupõem a questão que estas pretendam responder ou o problema. Ou seja, da proposição U [ou Essa asserção não é demonstrável em T] podemos inferir que:

a) Se U é verdadeira, então não é demonstrável em T;
b) Se U é demonstrável em T, não pode ser verdadeira. Portanto, não pode ser demonstrável em T, pois T só demonstra asserções verdadeiras;
c) Consequentemente, U é verdadeira (já que U afirma não se demonstrável em T) e daí;
d) U é verdadeira e indemonstrável em T;
e) Mais ainda, a negação de U, Não U, também não é demonstrável em T, pois, se fosse, Não U deveria ser

verdadeira, e nesse caso U seria falsa, contrariando (d);

f) Conclusão, U é verdadeira e nem U nem Não U, são demonstráveis em T, e nosso sistema ou teoria T é incompleto.

Dado o pressuposto, pensemos um sistema ou teoria (T) como a causa do fenômeno [a loucura ou a insânia é o desequilíbrio de todas as faculdades, é a ausência de racionalidade] e o remédio universal [a internação na Casa Verde], tal que só possamos, com T, demonstrar o que é verdadeiro, de tal modo que a verdade por si só seja demonstrável. Até mesmo, porque, em uma perspectiva científica, o que se busca é essa demonstração da verdade. Para tanto, se considerarmos a asserção U: Essa asserção [Todo louco deve ser internado na Casa Verde] não é demonstrável em T, então podemos inferir as alíneas "a)", "b)", "c)", "d)", "e)" e "f)" acima indicadas. Assim, de uma singela e particular complexidade, o paradoxo da incompletude ou da inconsistência nos impõe o pensamento objetivo como o instrumento próprio para a racionalidade em detrimento do subjetivismo ou do senso comum. E por objetivo ou objetivismo devemos entender o pensamento que toma a assertiva que expressa o objeto referente e não propriamente o objeto referente como podemos deduzir a partir de Karl Popper que nominou tese ou lei de falsificação a solução ao problema filosófico tradicional da indução.

O problema filosófico tradicional da indução, como proposto por Popper (POPPER, 1975, p. 13-40), isto é, uma tese ["**demarquemos definitivamente os limites da razão e da loucura. A razão é o perfeito equilíbrio de todas as faculdades; fora daí insânia, insânia e só insânia.**" (ASSIS, 1992) que talvez tenha um nível de universalidade tão baixo que não possa conseguir explicar os êxitos da teoria a ser testada [que ora **A razão é o perfeito equilíbrio de todas as faculdades** ora **A razão não é o perfeito equilíbrio de todas as faculdades ou é o desequilíbrio de todas as faculdades**], mas, que, não obstante, sugerirá uma experiência crucial: uma experiência que possa refutar, dependendo de seu resultado, ou a teoria a ser testada ou a teoria de falsificação, como podemos demonstrar a partir da assertiva do alienista que explica o caso de D. Evarista como uma "mania santuária", não incurável. E se considerarmos a especificidade da questão, pode faltar à D. Evarista a razão por haver desequilíbrio de todas as faculdades, mas, daí, o homem dotado de razão e, consequentemente, com o equilíbrio de todas as faculdades jamais desenvolveria um raciocínio crítico, aprovando umas coisas e censurando outras ou mesmo duvidando da aprovação ou da censura. No entanto, pode D. Evarista, dotada de razão e com o equilíbrio de todas as faculdades, ter desenvolvido um raciocínio crítico e o estar exercitando quando aprova umas coisas e censura outras ou mesmo duvida da aprovação ou da censura.

Nesse sentido, podemos inferir alguns tópicos intrínsecos à determinação da OBJETIVIDADE como proposto por Popper (POPPER, 1975, p. 13-40):

a) que a palavra "como" seja tomada em sentido tão flexível que torne a suposição vazia e inócua;
b) que a asserção de que nada há em nossa inteligência que não haja entrado nela por meio dos sentidos [...] foi formulada por Parmênides com intuito satírico: Muitos mortais nada têm em sua inteligência transviada que ali não tenha chegado através de seus sentidos transviados;
c) que as inferências indutivas como a crença de que o futuro será (amplamente) como o passado são análoga a um processo de

universalização que parte de uma proposição particular para uma proposição universal;

d) que, sempre que estejam em jogo problemas lógicos, devemos traduzir todos os termos subjetivos ou psicológicos, especialmente crença etc., em termos objetivos. Assim, em vez de falar de uma "crença", falo, digamos, de uma "asserção" ou de uma "teoria explanativa"; em vez de uma impressão falo de uma "asserção de observação" ou de uma "asserção de teste";

e) que a ideia de indução por repetição deve ser produto de um erro – uma espécie de ilusão ótica.

E, ainda sobre a determinação da objetividade ou o pensamento que toma a assertiva que expressa o objeto referente e não propriamente o objeto referente, podemos inferir uma questão que costuma remontar a Jorgen Jorgensen (1937, p. 288-296), que propôs um problema por ele denominado "quebra-cabeça", De acordo com Jorgensen, uma inferência prática como: Você deve manter as suas promessas; Essa é uma das suas promessas; Logo, você deve manter essa promessa é falaciosa ou carece de validade lógica. Logicamente, não é necessário que um sujeito qualquer que implica uma regra geral deva também implicar a aplicação particular dessa regra. Que isso se verifique ou não se verifique não implica, necessariamente, a regra geral, mas, sim, de fatos psicológicos, políticos etc. Não é raro que um sujeito implique uma assertiva qualquer como regra geral, mas evite a sua aplicação quando se vê implicado ou afetado. No entanto, se não examinamos bem, essa ideia é decididamente estranha, como é estranha a não distribuição do termo médio ou non distributivo medii, própria, também, do problema filosófico tradicional da indução. Mas, considerando o próprio problema filosófico tradicional da indução é que podemos asserir que o não cumprimento das promessas que fazemos fatalmente nos levaria à internação na Casa Verde, pois, se todos nós devemos cumprir a promessa que fazemos, não há hipótese, se contraditória, que possa ser justificada como também verdadeira.

E no que concerne ao fenômeno da quantificação na linguagem, da interpretação invariável e da proibição de uma quantificação vácua ou, simplesmente, condição global (overarching condition) de FI (interpretação plena) às variáveis livres e a negação de quantificação irrestrita temos que: a linguagem não permite variáveis livres, ou seja, a propriedade da ligação forte determina as propriedades semânticas curiosas dessas construções. Podemos concluir que esta condição é uma aplicação específica da condição de FI da UG. Assim, diferente da quantificação irrestrita, em que a variável é um elemento não especificado do universo de discurso (U), a quantificação restrita, própria da linguagem, especifica o domínio da variável independentemente de uma proposição principal. Assim, podemos entender o estado de coisas que constitui a referência semântica implicado com a ilustração na capa, "o Moleiro, o Filho e o Burro"[8] das fábulas de Esopo, um escravo e

---

[8] Um dia qualquer de qualquer estação, um moleiro e seu filho saíram de casa e iam levando um burrinho à feira da aldeia vizinha, para vendê-lo. No caminho, algumas pessoas que passavam começaram a gracejar e uma delas disse, apontando o moleiro, o filho e o burro:
- Que tolos vocês são! Bem poderia a criança montar no burro, em vez de ir a pé num dia desses!
Passadas as pessoas e ponderada a questão, o moleiro fez o filho montar no burro e continuou andando a seu lado. Logo chegaram perto de um grupo de pessoas e uma delas disse, apontando o moleiro, o filho e o burro:
- Ninguém mais respeita os avelhantados! Reparem só! Enquanto uma criança monta no burro, seu velho pai se esfalfa a arrastá-lo!
Passadas as pessoas e ponderada a questão, o moleiro fez descer o filho da garupa do burro e ele

contador de histórias que viveu na Grécia Antiga e que nos remete a pensar o significado de trabalho implicado com o Direito do Trabalho e face a significação que damos quando fazemos uso dos mesmos.

---

próprio o montou, continuando logo o caminho.
 Mais à frente, chegaram junto a um grupo outro de pessoas. Uma delas exclamou, apontando o moleiro, o filho e o burro:
 -Como pode um homem adulto ir montado num burro e deixar uma criança ir a pé!
 Passadas as pessoas e ponderada a questão, o moleiro suspendeu o filho e colocou-o em cima do burro. Logo adiante, de outro grupo de pessoas se ouvia um murmúrio e uma delas exclamou, apontando o moleiro, o filho e o burro:
 - Que malvados! Como podem maltratar assim um burrinho tão pequeno?
Passadas as pessoas e ponderada a questão, o moleiro amarrou as pernas do burro e carregou-o nas costas, ajudado pelo filho.
 Os moradores da aldeia riram as gargalhadas quando viram pai e filho carregando o burro. Riram tanto que o burrinho se assustou, sacudiu as pernas, as cordas que as amarravam rebentaram, e ele caiu.

REFERÊNCIAS

ARISTÓTELE. Metafísica. **Saggio introduttivo**. Texto greco com traduzione a fronte e commentario a cura di Giovanni Reale. Milano: Da presente edição, Vita e Pensiero, 2002.

ASSIS, Joaquim Maria Machado de. **O alienista**. São Paulo, Ática, 1992.

BENVENISTE, Émile. **Problemas de lingüística geral**. Tradução de Eduardo Guimarães. Campinas, SP: Pontes, 1989. v. 1-2.

CASTILHO, Ataliba de. **A linguagem falada no ensino de português**. São Paulo: Contexto. 1993.

CHOMSKY, Noam. **Novos horizontes e estudo da linguagem**. Tradução Marco Antônio Sant'Anna. São Paulo: Editora UNESP, 2000.

COPI, Irving m. **Introdução à lógica**. São Paulo: Editora Mestre Jou, 1968.

DUCROT, Oswald. **Provar e dizer**: linguagem e lógica. Tradução de Maria Aparecida Barbosa, Maria de Fátima Gonçalves e Cidmar Teodoro Pais. São Paulo: Global Editora. 1981.

FERRAZ JÚNIOR., Tércio Sampaio. **Introdução ao estudo do direito:** técnica, decisão, dominação. 4º edição. São Paulo: Editora Atlas, 2003.

FREGE, Gottlob. Sobre o sentido e a referência. In: FREGE, Gottlob. **Lógica e filosofia da linguagem**. São Paulo: Cultrix/Edusp, 1978.

GALUPPO, Marcelo Campos. Os princípios jurídicos no estado democrático de direito: ensaio sobre o modo de sua aplicação. **Revista de Informação Legislativa**, Brasília, ano 36 n. 143 jul./set. 1999.

JØRGENSEN, Jørgen. Imperatives and Logic. **Erkenntnis**, v. 7, p. 288-296, 1937.

KOCH, Ingedore V. **A inter-ação pela linguagem**. São Paulo: Contexto, 1992.

KOCH, Ingedore V. **Linguagem e argumentação**. 4. ed. São Paulo: Cortez, 1996.

MIOTO, Carlos; SILVA, Maria Cristina Figueiredo; LOPES, Ruth Elisabeth Vasconcellos. **Novo manual de sintaxe**. 2.ed. Florianópolis: Insular, 2005.

MIOTO, Carlos. Focalização e quantificação. **Revista Letras**, Curitiba, n.61, nesp, p.169-189, 2003.

MORA, José Ferrater. **Dicionário de filosofia**. 4. ed. São Paulo: Editora Martins Fontes, 2001.

PLATÃO. Parmenedis. **Clássicos grecos**. Brasília: Editora UNB. 2000.

POPPER, Karl Raimund. **Conhecimento objetivo**: uma abordagem evolucionária. São

Paulo: Editora da Universidade de São Paulo, 1975. (Espírito do nosso tempo v.13).

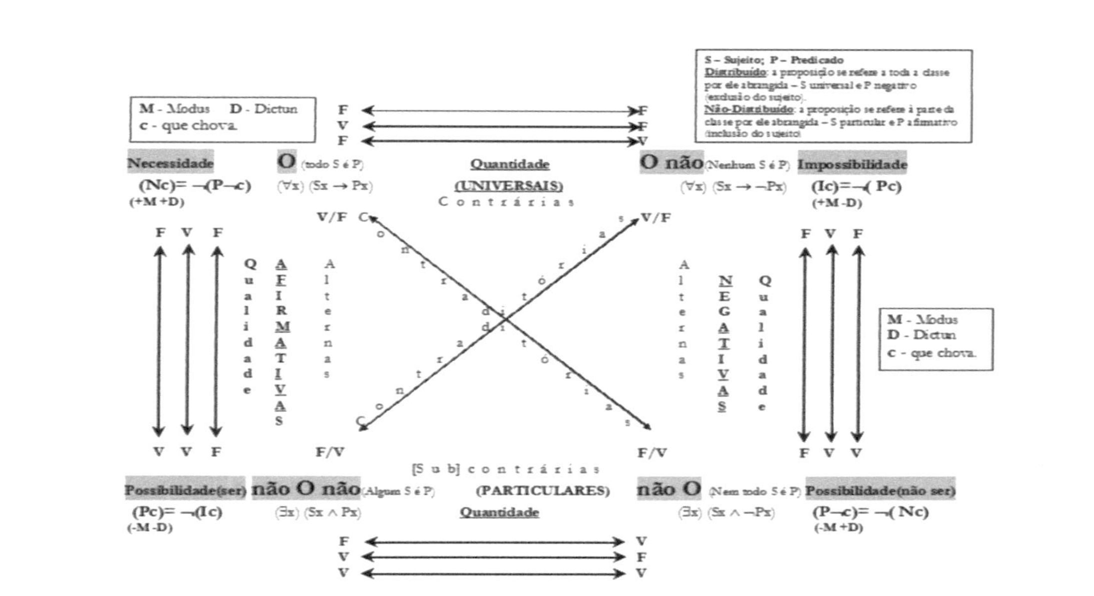

M - Modus   D - Dictun
c - que chova.

S – Sujeito; P – Predicado
Distribuído: a proposição se refere a toda a classe por ele abrangida – S universal e P negativo (exclusão do sujeito).
Não-Distribuído: a proposição se refere à parte da classe por ele abrangida – S particular e P afirmativo (inclusão do sujeito)

Necessidade   O (todo S é P)   Quantidade   O não (Nenhum S é P)   Impossibilidade
(Nc)= ¬(P→c)   (∀x) (Sx → Px)   (UNIVERSAIS)   (∀x) (Sx → ¬Px)   (Ic)=¬(Pc)
(+M +D)   Contrárias   (+M -D)

F   V   F
F   V   F

Qualidade   AFIRMATIVAS   Alternas   Contraditórias   Contraditórias   Alternas   NEGATIVAS   Qualidade

V/F   V/F
F/V   F/V

V   V   F
F   V   V

[Sub] contrárias
Possibilidade(ser)   não O não (Algum S é P)   (PARTICULARES)   não O (Nem todo S é P)   Possibilidade(não ser)
(Pc)= ¬(Ic)   (∃x) (Sx ∧ Px)   Quantidade   (∃x) (Sx ∧ ¬Px)   (P→c)= ¬(Nc)
(-M -D)   (-M +D)

M - Modus
D - Dictun
c - que chova.

F   V
F   F
V   V